DA TRADIÇÃO
à Inovação

COMO REINVENTAR O FUTURO DE EMPRESAS TRADICIONAIS

MOACIR KAIPER DA ROSA JUNIOR

Moacir Kaiper da Rosa Junior

**DA TRADIÇÃO À INOVAÇÃO:
COMO REINVENTAR O FUTURO DE EMPRESAS TRADICIONAIS**

Coordenação editorial:
Gilson Mello

Projeto gráfico:
Flórida Business Academy

Correção, revisão e copidesque:
Fabiana Mello

Direção Geral:
Gilson Mello

Todos os direitos reservados e protegidos pela Lei nº 9.610, de 19/02/1998.

É expressamente proibida a reprodução total ou parcial deste livro, por quaisquer meios (eletrônicos, mecânicos, fotográficos, gravação e outros), sem prévia autorização por escrito da editora.

Primeira edição 2024

Dados Internacionais de Catalogação na Publicação (CIP)
Kaiper da Rosa Junior, Moacir
Da tradição à inovação:
Como reinventar o futuro de empresas tradicionais
Moacir Kaiper da Rosa Junior; Orlando-FL: Flórida Business Academy Negócios, 2024.
103 p.
ISBN: 9798342854672
1. Negócios 2. Realização pessoal. 3. Sucesso

Sumário

Prefácio --- 5

Introdução -- 11

Capítulo 1:

Entendendo a Necessidade de Mudança ------------------ 17

Capítulo 2:

Como Criar uma Cultura de Inovação ---------------------- 25

Capítulo 3:

Digitalização de Processos Internos ----------------------- 33

Capítulo 4:

Marketing Digital como Ferramenta de Crescimento --- 41

Capítulo 5:

Desenvolvendo Novos Produtos e Serviços ------------------ 49

Capítulo 6:

Estratégias de Vendas Modernas -------------------------------- 57

Capítulo 7:

Gestão Financeira e Controle de Custos --------------------- 65

Capítulo 8:

Liderança e Gestão de Pessoas na Era da Inovação --- 73

Capítulo 9:

Implementando a Transformação Digital Gradualmente - 81

Capítulo 10:

Mantendo a Empresa Inovadora a Longo Prazo ------------- 89

Conclusão --- 97

Prefácio

Moacir Kaiper da Rosa Junior

DA TRADIÇÃO À INOVAÇÃO

Quando assumi a liderança da Roska Radiadores LTDA, não imaginava o tamanho da transformação que estava prestes a realizar. Fundada por meu pai, a empresa tinha uma história sólida e respeitada no mercado de radiadores automotivos. No entanto, como muitas outras empresas tradicionais, enfrentávamos um desafio crescente: o mundo ao nosso redor estava mudando rapidamente, e, se não nos adaptássemos, correríamos o risco de ficar para trás. Foi nesse momento que percebi a urgência de inovar.

Minha trajetória na Roska Radiadores começou cedo, ainda adolescente, ajudando nas tarefas da oficina. Aprendi desde o básico da soldagem até a criação de designs gráficos para a empresa, habilidades que mais tarde seriam fundamentais para os passos que daríamos rumo à modernização. Quando chegou o momento de tomar decisões mais estratégicas, compreendi que não era apenas uma questão de manter a empresa funcionando; era sobre como transformá-la para enfrentar o futuro.

Lideramos uma revolução interna ao introduzir radiadores de alumínio no mercado boliviano. Essa inovação não apenas diferenciou nossos produtos no mercado, mas também transformou o setor de radiadores como um todo. Além disso, a digitalização de processos, a modernização do nosso sistema de atendimento ao cliente e a implementação de estratégias de marketing digital ampliaram nossa presença e consolidaram nossa posição de liderança no mercado. Não foi fácil. Como qualquer mudança, enfrentamos resistência interna, dúvidas e desafios, mas sempre acreditei que a inovação era o único caminho para o crescimento sustentável.

Uma das lições mais valiosas que aprendi ao longo dessa jornada é que a inovação não é um evento pontual, mas um processo contínuo. Empresas tradicionais, como a Roska Radiadores, muitas vezes se acomodam em modelos de negócios que funcionaram bem por décadas. No entanto, o mercado globalizado e digital de hoje exige adaptação constante. A transformação digital, que inicialmente pareceu uma grande ruptura, se mostrou o alicerce sobre o qual poderíamos construir novas oportunidades.

Este livro nasceu dessa experiência. Ao compartilhar minha história e as lições que aprendi ao longo do caminho, espero inspirar outros empresários a verem a mudança não como um fardo, mas como uma oportunidade. A transformação de uma empresa tradicional em uma organização inovadora e competitiva requer coragem, visão e, acima de tudo, disposição para abraçar o novo.

Assim como transformei a Roska Radiadores em uma empresa moderna e preparada para o futuro, acredito que qualquer empresa tradicional pode trilhar esse caminho. A inovação está ao alcance de todos aqueles que têm a disposição de desafiar o status quo, adotar novas tecnologias e, acima de tudo, acreditar que sempre há uma maneira melhor de fazer negócios.

Este livro é um convite para líderes empresariais e gestores de empresas familiares tradicionais que estão prontos para iniciar ou acelerar sua jornada de transformação. Espero que as lições aqui apresentadas sejam úteis e que, assim como eu, você veja a inovação não como um destino, mas como uma jornada contínua que nunca termina.

Moacir Kaiper da Rosa Junior

Introdução

Moacir Kaiper da Rosa Junior

DA TRADIÇÃO À INOVAÇÃO

Vivemos em uma era em que as mudanças acontecem de forma rápida e constante. A transformação digital, que antes parecia um conceito distante para muitas empresas tradicionais, agora é uma realidade que não pode ser ignorada. Em praticamente todos os setores, a inovação se tornou o fator decisivo entre crescimento e estagnação. As empresas que conseguem se adaptar, implementando novas tecnologias e processos, são as que permanecem competitivas e relevantes. Por outro lado, as que resistem a essa transformação correm o risco de se tornarem obsoletas.

As empresas familiares e tradicionais, que muitas vezes têm décadas de história e sucesso, enfrentam um dilema particular. Por um lado, há um forte apego às práticas que funcionaram bem por anos, com a confiança de que essas mesmas abordagens continuarão trazendo resultados. Por outro lado, o mundo ao seu redor está mudando rapidamente, exigindo novos modelos de negócios, maior eficiência e uma forte presença digital. A resistência à mudança, embora compreensível, pode ser o maior obstáculo para a sobrevivência e crescimento dessas empresas.

A verdade é que a transformação digital não é apenas sobre implementar novas ferramentas tecnológicas. Trata-se de uma mudança profunda na maneira como uma empresa opera, desde a cultura interna até a forma como interage com seus clientes. A modernização não significa abandonar a essência que fez a empresa ter sucesso, mas sim adaptá-la ao contexto atual, integrando o que há de mais inovador para impulsionar o crescimento sustentável.

Este livro tem como objetivo servir como um guia prático para líderes e gestores que desejam fazer essa transição da tradição para a inovação. Ele oferece uma abordagem acessível, sem tecnicismos desnecessários, focando em estratégias concretas e exemplos reais para inspirar a ação. Mais do que apenas teorizar sobre transformação digital, aqui você encontrará lições aprendidas na prática, aplicáveis a qualquer empresa que deseja modernizar suas operações e se manter competitiva no futuro.

A inovação pode parecer desafiadora, especialmente para empresas acostumadas a fazer as coisas de uma certa maneira. No entanto, com as ferramentas certas e uma mentalidade aberta à mudança, qualquer empresa tradicional pode se reinventar. Este livro é para aqueles que estão prontos para dar o primeiro passo nesse caminho.

Moacir Kaiper da Rosa Junior

Capítulo 1
Entendendo a Necessidade de Mudança

Moacir Kaiper da Rosa Junior

DA TRADIÇÃO À INOVAÇÃO

Muitas empresas tradicionais enfrentam um problema comum: a incapacidade de reconhecer a necessidade de mudança antes que seja tarde demais. Esse apego a métodos e processos que funcionaram no passado, embora compreensível, muitas vezes impede que as empresas se adaptem às novas demandas do mercado. A inovação surge como uma oportunidade, mas, quando ignorada, pode se transformar em um risco fatal para a competitividade e sobrevivência do negócio.

Empresas familiares, em particular, frequentemente enfrentam essa dificuldade. Elas se orgulham de suas tradições e de um modelo de negócios que as sustentou por anos, ou até décadas. No entanto, o mundo de negócios moderno é implacável com aqueles que se recusam a evoluir. As inovações tecnológicas, as mudanças nas expectativas dos consumidores e a globalização aceleraram o ritmo das transformações no mercado, exigindo das empresas uma capacidade contínua de adaptação.

Ignorar essa necessidade de mudança pode resultar em perda de relevância. A empresa que outrora era vista como líder em seu setor pode ser ultrapassada por novos concorrentes mais ágeis e abertos à inovação. Esse atraso em perceber e responder às novas tendências coloca as empresas em uma posição de fragilidade. Para evitar que isso aconteça, é fundamental adotar uma abordagem proativa em relação à inovação.

1. Avaliação Honesta da Situação Atual:

O primeiro passo para qualquer transformação é entender onde sua empresa está no momento. Uma das ferramentas mais eficazes para isso é a análise SWOT, que avalia as forças, fraquezas, oportunidades e ameaças da empresa. Identificar as forças ajuda a saber onde a empresa já está bem posicionada, mas entender as fraquezas é ainda mais crucial, pois são essas áreas que podem estar impedindo o crescimento e a inovação. Oportunidades de mercado podem ser exploradas com a abordagem correta, enquanto as ameaças devem ser tratadas antes que se tornem problemas insuperáveis. Esta avaliação honesta é o ponto de partida para qualquer transformação eficaz.

2. Escuta Ativa dos Clientes:

As empresas tradicionais muitas vezes perdem contato com as necessidades reais de seus clientes. Clientes são uma fonte valiosa de insights e feedback sobre o que a empresa está fazendo bem e onde há falhas. Por isso, é fundamental estabelecer canais para escutar ativamente o que os clientes têm a dizer. Isso pode ser feito através de pesquisas de satisfação, entrevistas diretas ou até mesmo feedbacks informais. Entender as expectativas e demandas dos clientes ajuda a identificar áreas em que a inovação pode ser aplicada para melhorar produtos, serviços e a experiência geral do cliente.

3. Comparação com a Concorrência:

Ignorar a concorrência é um dos maiores erros que uma empresa pode cometer. Ao analisar as práticas dos concorrentes mais inovadores, é possível identificar onde eles estão se destacando e como sua empresa pode melhorar. Essa análise não é para copiar as ações de outros, mas para aprender com o que está funcionando no mercado. Se os concorrentes estão implementando estratégias de digitalização, automatizando processos ou introduzindo novos produtos, pode ser o momento de considerar se essas inovações também fazem sentido para o seu negócio.

4. Cultura de Inovação:

Um dos maiores desafios para empresas tradicionais é mudar a mentalidade dentro da própria organização. A inovação não pode ser vista como algo esporádico ou restrito a alguns departamentos; ela precisa ser uma parte fundamental da cultura da empresa. Isso significa promover uma mentalidade de abertura à mudança, incentivando os colaboradores a pensar de maneira criativa e a buscar novas soluções. É crucial que a liderança dê o exemplo, mostrando que a inovação é uma prioridade. Quando todos na organização se sentem capacitados para contribuir com ideias e soluções, a empresa começa a se mover em direção a uma transformação contínua.

A jornada rumo à inovação começa com a conscientização. Reconhecer que os métodos antigos já não são suficientes para competir em um mercado moderno é o primeiro passo para qualquer mudança significativa. Uma avaliação honesta da situação atual, a escuta ativa dos clientes e uma análise da concorrência podem revelar o caminho para o crescimento. Mais do que uma necessidade técnica, a inovação é um processo que precisa ser alimentado culturalmente dentro da organização. Apenas com a vontade de enfrentar esses desafios é que as empresas tradicionais poderão se transformar e prosperar em um ambiente cada vez mais competitivo.

Moacir Kaiper da Rosa Junior

Capítulo 2

Como Criar uma Cultura de Inovação

Moacir Kaiper da Rosa Junior

Um dos maiores desafios que as empresas tradicionais enfrentam quando buscam se modernizar é a cultura organizacional. Muitas dessas empresas possuem estruturas rígidas e conservadoras, criadas para manter a estabilidade e o controle. Embora isso tenha funcionado bem em um mercado mais previsível, nos dias de hoje, essa mentalidade pode ser um grande obstáculo. Quando os funcionários sentem que suas ideias não são valorizadas ou que qualquer tentativa de inovação será recebida com resistência, o potencial criativo da organização fica subutilizado.

A cultura conservadora, geralmente marcada por hierarquias rígidas e processos inalteráveis, inibe a criatividade, que é o motor principal da inovação. Muitas vezes, ideias brilhantes nunca são expressas porque os funcionários têm medo de errar, ou simplesmente porque acreditam que suas sugestões não serão levadas a sério. Isso cria um ciclo de estagnação, onde a empresa mantém o status quo, enquanto o mercado à sua volta evolui.

Para que a inovação floresça em uma empresa tradicional, é preciso mudar essa mentalidade. A cultura de inovação deve ser promovida desde o topo da organização e permeada por todos os níveis. Criar um ambiente onde a mudança é incentivada, e o erro é visto como uma oportunidade de aprendizado, é essencial para desbloquear o potencial criativo dos colaboradores e preparar a empresa para o futuro.

1. Promoção da Comunicação Aberta

O primeiro passo para criar uma cultura de inovação é estabelecer uma comunicação aberta e transparente dentro da empresa. Os funcionários precisam se sentir confortáveis para compartilhar suas ideias e sugestões, sem medo de julgamento ou repreensão. Quando a comunicação flui livremente, as ideias podem ser discutidas, aprimoradas e testadas com mais facilidade. Para isso, os líderes devem promover reuniões regulares, onde os funcionários de todos os níveis possam contribuir. Plataformas digitais, como fóruns internos ou canais de discussão, também podem ser uma ótima maneira de coletar ideias e gerar discussões construtivas. A inovação muitas vezes nasce de ideias pequenas e simples, que só se transformam em algo maior quando há espaço para colaboração e troca de pensamentos.

2. Incentivos à Inovação

Para que a inovação seja uma prática recorrente, os funcionários precisam ser incentivados a buscar novas soluções e maneiras criativas de resolver problemas. Um dos melhores modos de fazer isso é criar um sistema de reconhecimento e recompensas para práticas inovadoras. Seja através de bônus, prêmios, ou até mesmo elogios públicos, reconhecer aqueles que trazem novas ideias para a mesa ajuda a criar um ciclo virtuoso de inovação. Além de incentivar a criatividade, esses sistemas de recompensa ajudam a sinalizar que a empresa valoriza e apoia o pensamento inovador.

Quando os funcionários veem que suas contribuições são valorizadas, eles se sentem mais motivados a participar ativamente do processo de transformação.

3. Liderança como Exemplo

Em qualquer esforço para mudar a cultura organizacional, a liderança desempenha um papel fundamental. Se os líderes da empresa não estão comprometidos com a inovação, é improvável que os funcionários se sintam motivados a seguir esse caminho. Por isso, os líderes devem dar o exemplo, demonstrando uma mentalidade inovadora em suas próprias decisões e ações. Isso inclui estar aberto a novas ideias, ser receptivo a feedbacks e adotar uma abordagem de aprendizado contínuo. Quando os líderes estão dispostos a experimentar, aprender com os erros e apoiar a criatividade dentro da organização, eles criam um ambiente onde todos se sentem inspirados a fazer o mesmo. Além disso, a transparência nas comunicações e a disposição para adotar novas tecnologias são sinais claros de que a empresa está seriamente comprometida com a inovação.

4. Treinamento e Desenvolvimento

Nenhuma mudança cultural pode ser sustentada sem o investimento no desenvolvimento dos colaboradores. Inovar não é apenas uma questão de ter boas ideias; muitas vezes, requer novas habilidades e abordagens para a resolução de problemas. Oferecer treinamentos focados em criatividade, inovação e resolução de problemas é uma maneira eficaz de capacitar os funcionários a pensar de forma diferente e a se sentirem confiantes em aplicar novas soluções. Workshops, cursos e palestras podem fornecer as ferramentas necessárias para que os colaboradores não apenas proponham ideias inovadoras, mas também as implementem de maneira eficaz. Além disso, programas de desenvolvimento contínuo demonstram que a empresa valoriza o crescimento dos funcionários e está disposta a investir no seu sucesso a longo prazo.

Criar uma cultura de inovação em uma empresa tradicional não é uma tarefa fácil, mas é fundamental para garantir sua sobrevivência e crescimento no mercado atual. Essa cultura deve ser incentivada de cima para baixo, com líderes comprometidos em criar um ambiente onde a criatividade e a inovação sejam não apenas bem-vindas, mas essenciais. Ao promover uma comunicação aberta, recompensar a inovação, liderar pelo exemplo e investir no desenvolvimento dos funcionários, as empresas podem transformar suas culturas organizacionais e desbloquear todo o potencial de inovação de sua equipe. Engajar os colaboradores e motivá-los a pensar de maneira inovadora é um passo crucial para garantir que a empresa se mantenha competitiva e preparada para o futuro.

Capítulo 3

Digitalização de Processos Internos

Moacir Kaiper da Rosa Junior

DA TRADIÇÃO À INOVAÇÃO

Em muitas empresas tradicionais, o uso de processos manuais e ultrapassados ainda é uma prática comum. Planilhas preenchidas à mão, pedidos anotados em papéis, controles de estoque feitos sem sistemas automatizados, e a falta de integração entre diferentes setores da empresa são cenários recorrentes. Embora esses métodos tenham funcionado no passado, hoje, eles representam uma grande desvantagem competitiva. Operações lentas, erros humanos, retrabalho e a dificuldade de acompanhar informações em tempo real são apenas alguns dos problemas enfrentados pelas empresas que ainda não digitalizaram seus processos.

Além de tornar a operação mais lenta, esses processos manuais geram ineficiências e aumentam os custos operacionais. Erros em uma etapa do processo podem ter um efeito cascata, prejudicando o fluxo de trabalho e, em última instância, o atendimento ao cliente. A falta de integração entre os departamentos também impede que as informações fluam de maneira eficaz, o que resulta em decisões baseadas em dados incompletos ou desatualizados.

No entanto, a solução para esses problemas está ao alcance de qualquer empresa: a digitalização de processos internos. A tecnologia disponível hoje permite que as empresas automatizem uma grande parte de suas operações, desde o controle de estoque até a gestão de vendas e finanças. A digitalização não apenas aumenta a eficiência, mas também oferece à empresa a agilidade necessária para se adaptar rapidamente a mudanças no mercado.

1. Mapeamento de Processos Atuais

O primeiro passo para qualquer esforço de digitalização é entender como os processos funcionam atualmente. Isso envolve mapear todas as atividades diárias da empresa, desde o recebimento de pedidos até o controle de estoque e a emissão de notas fiscais. Ao mapear os processos, é possível identificar quais etapas são manuais, onde ocorrem os principais gargalos e quais são as maiores fontes de erros. Com essas informações em mãos, a empresa pode determinar quais processos têm maior potencial de serem automatizados ou digitalizados. Essa etapa também ajuda a priorizar os processos mais críticos, garantindo que a digitalização tenha o maior impacto possível nas operações.

2. Adoção de Sistemas ERP (Enterprise Resource Planning)

Uma das maneiras mais eficazes de integrar e digitalizar os processos de uma empresa é a implantação de um sistema ERP. Esses sistemas integram todos os departamentos da empresa — finanças, vendas, produção, estoque e recursos humanos — em uma única plataforma. Isso permite que todas as informações sejam compartilhadas em tempo real, eliminando a necessidade de transferências manuais de dados entre diferentes setores. Com um ERP, os gestores podem ter uma visão completa e atualizada do desempenho da empresa, tomar decisões informadas e reagir rapidamente a mudanças no mercado. Além disso, o ERP automatiza tarefas repetitivas, como o processamento de pedidos e a emissão de faturas, liberando tempo para que os funcionários se concentrem em atividades mais estratégicas.

3. Ferramentas de Comunicação Interna

A comunicação interna eficiente é outro aspecto fundamental para o sucesso da digitalização de processos. Em muitas empresas tradicionais, as trocas de informações ainda acontecem por e-mails ou até por mensagens verbais, o que pode gerar confusão e perda de dados. Ferramentas de comunicação interna, como Slack, Microsoft Teams ou outras plataformas de colaboração, são essenciais para facilitar o fluxo de informações e melhorar a eficiência. Essas ferramentas permitem que os funcionários compartilhem documentos, discutam projetos e colaborem em tempo real, independentemente de onde estejam trabalhando. Além disso, esses sistemas oferecem integração com outras plataformas digitais, como ERPs, sistemas de CRM e ferramentas de marketing, garantindo que todas as operações estejam conectadas e fluam sem interrupções.

4. Treinamento para Digitalização

A digitalização de processos não terá sucesso se os funcionários não estiverem preparados para usar as novas tecnologias. Muitas vezes, o principal obstáculo para a adoção de ferramentas digitais é a falta de familiaridade dos colaboradores com essas plataformas. Portanto, é crucial investir em treinamentos para capacitar os funcionários no uso das novas ferramentas e processos digitais. Os treinamentos podem incluir desde o uso de softwares específicos até a criação de uma mentalidade digital dentro da organização. Além de melhorar a eficiência operacional, esses programas de capacitação garantem que a equipe esteja alinhada com os objetivos da empresa e preparada para adotar novas soluções tecnológicas à medida que elas surgem.

A digitalização de processos internos é um passo fundamental para qualquer empresa tradicional que deseja se manter competitiva no mercado atual. A automatização de tarefas, a integração de sistemas e a melhora na comunicação interna oferecem uma série de benefícios, como maior eficiência, redução de custos e menor tempo de operação. Ao adotar ferramentas como sistemas ERP e plataformas de comunicação interna, as empresas conseguem não apenas melhorar suas operações, mas também tomar decisões mais informadas e rápidas. Além disso, com um investimento adequado no treinamento dos colaboradores, a digitalização se torna uma oportunidade para melhorar a produtividade e transformar a empresa de dentro para fora. A transição pode parecer desafiadora no início, mas os resultados compensam o esforço, proporcionando uma operação mais ágil, precisa e preparada para os desafios do futuro.

Capítulo 4

Marketing Digital como Ferramenta de Crescimento

Moacir Kaiper da Rosa Junior

Nos dias de hoje, a falta de presença digital pode ser um grande obstáculo para o crescimento de empresas tradicionais. Com o avanço da tecnologia e o aumento do uso da internet, os consumidores passaram a buscar informações, produtos e serviços de forma online. Empresas que não possuem uma presença digital correm o risco de se tornarem invisíveis para um público cada vez mais conectado. Não importa o quão sólida seja a empresa no mercado local, a ausência de estratégias de marketing digital limita o alcance, dificulta a conquista de novos clientes e impede a expansão para novos mercados.

Historicamente, muitas empresas tradicionais confiavam no boca a boca e em redes de contato para manter suas operações. Embora essas práticas ainda possam ter seu valor, elas são limitadas em termos de escala e alcance. Em um mercado globalizado e competitivo, as empresas precisam adotar uma postura proativa para se conectarem com seus clientes em potencial de maneira eficiente e econômica. O marketing digital oferece justamente essa oportunidade: a chance de aumentar a visibilidade da empresa, fortalecer a marca e gerar novas oportunidades de negócios em uma escala muito maior.

1. Criação de um Site Profissional

Ter um site funcional e otimizado é o primeiro passo para estabelecer uma presença digital forte. O site da empresa é como a sua "casa" online, um local onde os clientes podem encontrar informações sobre seus produtos, serviços e a própria história da empresa. No entanto, não basta apenas criar um site básico. É essencial que ele seja bem projetado, intuitivo e otimizado para os mecanismos de busca (SEO). A otimização para SEO ajuda a garantir que o site apareça nos resultados de pesquisa quando os clientes buscam por produtos ou serviços relacionados. Além disso, um site responsivo, que funcione bem em dispositivos móveis, é fundamental, visto que grande parte dos usuários acessa a internet por meio de smartphones e tablets. A criação de um site profissional é o ponto de partida para atrair tráfego online e converter visitantes em clientes.

2. Gestão de Redes Sociais

As redes sociais se tornaram uma plataforma essencial para conectar empresas com seus públicos. Canais como Instagram, LinkedIn, Facebook e até o YouTube oferecem oportunidades únicas para se comunicar diretamente com potenciais clientes e fortalecer a imagem da marca. No entanto, é importante que as empresas saibam onde seu público-alvo está presente e foquem seus esforços nessas plataformas específicas. Uma presença ativa e relevante nas redes sociais não significa apenas postar esporadicamente, mas sim interagir com seguidores, responder a perguntas, compartilhar conteúdo útil e manter um diálogo constante com os clientes. As redes sociais também permitem segmentar campanhas de publicidade, alcançando o público certo com base em interesses, localização geográfica e outros fatores demográficos.

3. Estratégias de Conteúdo

O conteúdo é uma das ferramentas mais poderosas do marketing digital. Produzir conteúdo relevante e útil para o seu público pode aumentar a confiança na sua marca, educar os clientes sobre seus produtos ou serviços e criar um relacionamento duradouro com eles. As empresas podem utilizar blogs, artigos, vídeos, postagens em redes sociais e newsletters para compartilhar informações valiosas. Por exemplo, uma empresa de radiadores pode produzir conteúdos sobre como os diferentes tipos de radiadores funcionam, dicas de manutenção e a importância de usar produtos de qualidade. O objetivo é oferecer soluções para os problemas e dúvidas dos clientes, posicionando a empresa como uma autoridade em seu setor. Quanto mais relevante e útil for o conteúdo, maior a probabilidade de atrair novos visitantes e convertê-los em clientes fiéis.

4. Análise de Dados e Métricas

Uma das maiores vantagens do marketing digital é a capacidade de medir praticamente tudo. Ferramentas como Google Analytics permitem que as empresas acompanhem o desempenho de suas campanhas de marketing em tempo real, desde o número de visitantes no site até a taxa de conversão de vendas. Essas métricas oferecem insights valiosos sobre o que está funcionando e o que pode ser melhorado. Por exemplo, se uma campanha em uma rede social está gerando muitos cliques, mas poucas vendas, pode ser necessário ajustar a página de destino ou a oferta. Da mesma forma, se certos tipos de conteúdo estão gerando mais engajamento, a empresa pode focar mais nessa abordagem. A capacidade de monitorar e ajustar as estratégias com base em dados concretos garante que os recursos sejam usados de maneira eficiente e que os esforços estejam gerando os melhores resultados possíveis.

O marketing digital é uma ferramenta essencial para qualquer empresa que deseja crescer e se expandir no mercado moderno. A criação de um site profissional, a gestão eficaz das redes sociais, a produção de conteúdo relevante e o uso de métricas para ajustar as estratégias são fundamentais para ampliar o alcance, atrair novos clientes e fortalecer a marca. Para empresas tradicionais que buscam inovar e se modernizar, o marketing digital oferece um caminho claro e acessível para aumentar a visibilidade e garantir a competitividade no mercado. Ao implementar essas práticas de forma consistente, as empresas não apenas se conectam com um público maior, mas também se posicionam de maneira mais forte e duradoura em seus respectivos setores.

Capítulo 5

Desenvolvendo Novos Produtos e Serviços

Uma das razões pelas quais muitas empresas tradicionais perdem espaço no mercado é a falta de inovação em seus produtos e serviços. O apego a ofertas que funcionaram bem no passado pode levar à estagnação, especialmente em um mercado onde a concorrência e as expectativas dos consumidores estão em constante evolução. O resultado é uma perda gradual de relevância e de participação no mercado, enquanto concorrentes mais ágeis lançam novas soluções que melhor atendem às necessidades dos clientes.

Inovar produtos e serviços não significa necessariamente reinventar a empresa por completo. Muitas vezes, pequenas atualizações ou ajustes estratégicos são suficientes para revitalizar uma oferta e conquistar novos clientes. Empresas que se destacam são aquelas que mantêm o dedo no pulso do mercado, antecipando tendências e identificando oportunidades de inovação antes que a concorrência o faça. Além disso, ouvir diretamente o cliente, buscar sua colaboração no desenvolvimento de novos produtos e testar conceitos antes do lançamento são estratégias práticas e eficazes para minimizar os riscos e garantir que o mercado esteja pronto para receber as inovações.

A inovação contínua não é apenas uma vantagem competitiva — é uma necessidade para a sobrevivência no mercado atual. Neste capítulo, vamos explorar como as empresas tradicionais podem desenvolver novos produtos e serviços de maneira eficaz, garantindo que suas ofertas estejam sempre alinhadas com as demandas do mercado.

1. Pesquisa de Mercado Contínua

O desenvolvimento de novos produtos e serviços começa com uma compreensão profunda do mercado. Isso significa estar sempre atento às mudanças nas necessidades dos consumidores, às tendências emergentes no setor e ao que os concorrentes estão fazendo. A pesquisa de mercado contínua deve ser uma prática recorrente dentro da empresa, utilizando ferramentas como pesquisas de opinião, análise de dados de consumo, e até mesmo observação das redes sociais. Ao manter uma visão clara de para onde o mercado está indo, a empresa pode identificar oportunidades para inovar antes que os concorrentes o façam. Além disso, essa pesquisa ajuda a garantir que os novos produtos ou serviços sejam lançados no momento certo e com características que realmente agreguem valor aos clientes.

2. Testes e Prototipagem

Inovar sem testar ideias pode ser arriscado. É por isso que o desenvolvimento de novos produtos deve incluir fases de prototipagem e testes de conceito. O objetivo aqui é criar versões iniciais de um produto ou serviço — seja um protótipo físico, uma versão beta de um software ou até uma simulação de um novo serviço — e testá-lo com um grupo restrito de usuários. Esses testes permitem que a empresa obtenha feedback valioso antes de investir grandes quantias em produção ou marketing. Além disso, a prototipagem ajuda a identificar possíveis falhas ou melhorias no design, funcionalidade ou usabilidade do produto, garantindo que ele esteja pronto para o mercado quando for lançado.

3. Cocriação com Clientes

Envolver os clientes no processo de desenvolvimento de novos produtos pode ser uma das estratégias mais eficazes para garantir que a inovação esteja alinhada às necessidades reais do mercado. A cocriação permite que os clientes participem ativamente na definição de novas funcionalidades, no design e até na proposta de valor do produto. Isso pode ser feito por meio de workshops, entrevistas em profundidade ou testes de usabilidade com usuários-chave. Quando os clientes sentem que suas opiniões foram ouvidas e levadas em consideração no desenvolvimento de um novo produto, eles se tornam defensores naturais da marca. Além disso, a cocriação ajuda a reduzir o risco de desenvolver produtos que não correspondam às expectativas do mercado, já que as necessidades dos clientes são incorporadas diretamente no processo.

4. Inovação de Produtos Tradicionais

Muitas vezes, a inovação não exige a criação de um produto completamente novo. Modernizar produtos ou serviços já existentes pode ser uma estratégia poderosa para revitalizar a oferta da empresa. Isso pode incluir o uso de novos materiais, a adição de funcionalidades tecnológicas, a melhoria no design ou até a adaptação do produto para novos mercados. No caso da Roska Radiadores, por exemplo, a introdução dos radiadores de alumínio foi uma forma de modernizar um produto tradicional, trazendo uma solução mais eficiente e sustentável ao mercado boliviano. Pequenas melhorias como essa podem fazer uma grande diferença na percepção do produto pelo cliente, diferenciando-o dos concorrentes e gerando novas oportunidades de vendas.

Desenvolver novos produtos e serviços é um componente essencial para o crescimento e a longevidade de empresas tradicionais. A falta de inovação pode levar à estagnação, enquanto empresas que estão sempre buscando melhorar suas ofertas tendem a prosperar. Através de pesquisa de mercado contínua, testes e prototipagem, cocriação com clientes e modernização de produtos existentes, as empresas podem garantir que estão atendendo às demandas de um mercado em constante mudança. A inovação não apenas mantém a empresa relevante, mas também cria novas oportunidades de crescimento e expansão.

Capítulo 6

Estratégias de Vendas Modernas

Moacir Kaiper da Rosa Junior

Para muitas empresas tradicionais, as vendas ainda dependem fortemente de métodos antigos e, por vezes, ultrapassados. A confiança excessiva em relacionamentos pessoais, visitas presenciais e negociações diretas sem suporte de tecnologia pode limitar o alcance e a eficiência das equipes de vendas. Com a crescente digitalização dos negócios, os métodos de vendas também precisam evoluir para atender às expectativas dos clientes e para explorar novas oportunidades de mercado.

O mundo dos negócios mudou significativamente com o advento de novas tecnologias e o aumento do uso da internet. Clientes esperam mais conveniência, personalização e agilidade nos processos de compra. As vendas deixaram de ser apenas sobre a transação em si, transformando-se em um relacionamento contínuo que se baseia na confiança, no suporte e na capacidade de uma empresa entender as necessidades do cliente. Empresas que não conseguem adaptar suas estratégias de vendas a esse novo paradigma podem rapidamente perder relevância.

Neste capítulo, discutiremos como empresas tradicionais podem modernizar suas estratégias de vendas, implementando abordagens que utilizam tanto a tecnologia quanto uma mentalidade centrada no cliente para melhorar a performance e expandir o alcance.

1. Uso de CRM (Customer Relationship Management)

Um dos principais desafios para empresas tradicionais é a falta de organização e visibilidade no relacionamento com os clientes. Planilhas, anotações e processos manuais são ineficientes e suscetíveis a erros. O uso de um sistema de CRM (Customer Relationship Management) pode transformar radicalmente a maneira como uma empresa gerencia seu pipeline de vendas e interações com clientes. Com um CRM, é possível acompanhar o histórico de interações, identificar oportunidades de vendas, segmentar clientes de acordo com suas necessidades e gerenciar o progresso de negociações em tempo real. Além disso, o CRM permite que as equipes de vendas tenham uma visão mais clara dos dados, facilitando a tomada de decisões baseadas em informações e aprimorando a personalização no atendimento. A implementação de um CRM também facilita a automatização de tarefas, como envio de e-mails de acompanhamento e relatórios de vendas, liberando tempo para que os vendedores foquem em atividades mais estratégicas.

2. Técnicas de Vendas Consultivas

Uma das mudanças mais importantes nas vendas modernas é o foco no cliente. As vendas consultivas colocam o cliente no centro da abordagem, concentrando-se em entender profundamente suas necessidades, desafios e expectativas, e em oferecer soluções personalizadas que atendam a essas demandas específicas. Em vez de simplesmente empurrar produtos, a equipe de vendas adota uma postura mais estratégica, orientando os clientes no processo de decisão e demonstrando como o produto ou serviço pode realmente agregar valor ao negócio deles. Essa abordagem fortalece o relacionamento com o cliente, constrói confiança e aumenta a probabilidade de fidelização. Para que a venda consultiva seja eficaz, é importante que a equipe de vendas esteja bem treinada e capacitada para fazer as perguntas certas, escutar atentamente e, acima de tudo, compreender o contexto do cliente antes de apresentar uma solução.

3. Estratégias de Vendas Online

Nos dias de hoje, ter uma presença online não é apenas uma vantagem competitiva — é uma necessidade. Empresas que limitam suas vendas aos canais tradicionais podem estar perdendo uma grande fatia do mercado. A criação de uma loja virtual ou a utilização de marketplaces são estratégias eficazes para expandir o alcance e facilitar o processo de compra para os clientes. Com uma loja online, os clientes podem acessar os produtos ou serviços da empresa a qualquer hora e de qualquer lugar, aumentando significativamente as oportunidades de venda. Além disso, os marketplaces, como Amazon, Mercado Livre ou outros, oferecem uma plataforma já estabelecida e com tráfego de clientes em potencial, o que pode ser uma excelente forma de aumentar a visibilidade sem precisar investir pesadamente em marketing. Ao adotar essas estratégias, a empresa garante que está disponível para seus clientes, independentemente da localização geográfica, e cria novas fontes de receita.

4. Capacitação em Técnicas de Vendas Digitais

Uma equipe de vendas bem treinada é um dos maiores ativos de qualquer empresa. Com a crescente digitalização, é fundamental que os vendedores estejam atualizados sobre as melhores práticas de vendas online e negociação digital. Isso inclui desde habilidades em comunicação digital, como a redação de e-mails eficazes, até o uso de ferramentas de videoconferência para reuniões com clientes. Além disso, a negociação em ambientes digitais requer uma abordagem diferenciada, já que a ausência de contato físico pode dificultar a construção de rapport. Oferecer treinamentos regulares e workshops focados em vendas digitais garante que a equipe esteja bem equipada para utilizar essas novas plataformas e técnicas de forma eficiente. Ao preparar seus vendedores para navegar em ambientes digitais, a empresa aumenta suas chances de sucesso nesse novo cenário.

As estratégias de vendas precisam evoluir para acompanhar as mudanças no comportamento dos consumidores e nas tecnologias disponíveis. Ao implementar um sistema de CRM, adotar uma abordagem de vendas consultivas, explorar o potencial das vendas online e treinar a equipe de vendas em técnicas digitais, as empresas tradicionais podem modernizar suas operações e aumentar sua competitividade. Vender, hoje, não se trata apenas de fechar negócios; trata-se de construir relacionamentos duradouros com os clientes, oferecer soluções que realmente atendam às suas necessidades e utilizar a tecnologia para otimizar processos e ampliar o alcance. A modernização das estratégias de vendas não é apenas uma opção — é um imperativo para qualquer empresa que deseja prosperar no mercado atual.

Capítulo 7

Gestão Financeira e Controle de Custos

Moacir Kaiper da Rosa Junior

Uma gestão financeira eficiente é crucial para a sobrevivência e o crescimento de qualquer empresa, especialmente para as empresas tradicionais, onde o foco muitas vezes permanece em práticas antigas e rotinas manuais. A falta de controle financeiro pode facilmente corroer os lucros e colocar a empresa em uma situação de risco. Sem uma visão clara e detalhada das finanças, a tomada de decisões se torna um tiro no escuro, comprometendo tanto a lucratividade quanto a sustentabilidade do negócio.

Empresas tradicionais muitas vezes mantêm controles financeiros fragmentados ou pouco eficientes, utilizando métodos manuais, como planilhas ou registros físicos, que dificultam a análise precisa de despesas, receitas e fluxos de caixa. Esse cenário cria uma operação desorganizada, onde o desperdício de recursos pode passar despercebido e o potencial de economias não é explorado. Quando não há visibilidade sobre o controle de custos, a empresa pode estar perdendo dinheiro em áreas que poderiam ser otimizadas ou, pior ainda, ignorando oportunidades de investimento por não ter clareza sobre sua saúde financeira.

Para manter a competitividade no mercado atual, é fundamental que as empresas adotem práticas financeiras modernas, que automatizem processos e permitam uma visão clara e integrada dos recursos. Isso não apenas melhora o controle sobre as finanças, mas também ajuda a tomar decisões estratégicas baseadas em dados precisos, garantindo a longevidade e a lucratividade da empresa.

1. Automatização Financeira

A primeira e mais importante ação para melhorar a gestão financeira de uma empresa tradicional é a automatização de processos financeiros. Softwares de controle financeiro permitem automatizar tarefas como contas a pagar e a receber, o controle do fluxo de caixa e a emissão de notas fiscais, o que garante uma maior precisão e eficiência no acompanhamento das finanças. Ao integrar um software de gestão financeira, todas as operações financeiras são registradas e analisadas em tempo real, evitando o risco de erros manuais e facilitando o acompanhamento de cada aspecto da saúde financeira da empresa. Ferramentas como o QuickBooks, Zero ou SAP Business One são exemplos de sistemas que podem ser implementados para garantir um controle mais rigoroso e ágil das finanças.

2. Análise de Custos

Uma gestão eficiente de custos é fundamental para aumentar a lucratividade da empresa. Isso começa com uma avaliação detalhada de todas as despesas operacionais, incluindo custos de produção, logística, folha de pagamento, aluguel e outros serviços gerais. O objetivo dessa análise é identificar áreas onde é possível economizar sem comprometer a qualidade dos produtos ou serviços. Em muitos casos, empresas tradicionais mantêm fornecedores e contratos antigos que podem não ser mais a opção mais econômica. Revisar contratos e renegociar preços com fornecedores ou encontrar soluções alternativas para certas áreas operacionais pode resultar em economias significativas. Além disso, a análise de custos permite que a empresa identifique áreas onde os recursos podem estar sendo desperdiçados e implemente medidas de eficiência, como otimização de estoque ou melhorias na cadeia de suprimentos.

3. Planejamento Orçamentário

Um bom planejamento orçamentário é essencial para garantir que os recursos da empresa sejam utilizados de maneira eficaz. O orçamento da empresa deve ser detalhado, abrangendo todas as áreas operacionais, e precisa ser monitorado regularmente. O planejamento orçamentário permite que a empresa preveja receitas e despesas, planeje investimentos estratégicos e mantenha o controle sobre gastos desnecessários. A criação de um orçamento eficaz começa com uma análise detalhada das finanças anteriores, que servirá como base para definir metas e alocar recursos para as áreas prioritárias.

Uma vez estabelecido o orçamento, é crucial acompanhar sua execução regularmente, ajustando-o conforme necessário para garantir que a empresa se mantenha no caminho certo. Além disso, o planejamento orçamentário ajuda a preparar a empresa para imprevistos, criando uma reserva financeira para emergências e momentos de instabilidade econômica.

4. Acompanhamento de Indicadores Financeiros

O acompanhamento regular dos principais indicadores financeiros da empresa é uma prática essencial para garantir uma gestão financeira saudável. Indicadores como margem de lucro, rentabilidade, retorno sobre investimento (ROI) e fluxo de caixa devem ser monitorados de perto para garantir que a empresa esteja operando de forma eficiente e rentável. A análise desses indicadores permite que a empresa tome decisões informadas, como o momento certo para investir em expansão ou a necessidade de cortar custos em determinadas áreas. Monitorar esses indicadores ajuda a empresa a identificar problemas financeiros antes que eles se agravem, permitindo que ajustes sejam feitos de maneira proativa. Ao ter uma visão clara desses indicadores, os gestores podem planejar com mais segurança e tomar decisões estratégicas que garantam o crescimento e a sustentabilidade do negócio.

A gestão financeira é o alicerce de qualquer empresa bem-sucedida. Para as empresas tradicionais, que podem estar presas a práticas financeiras antiquadas, a modernização da gestão financeira por meio da automatização e do controle de custos é crucial para garantir a lucratividade e a longevidade do negócio. Com a implementação de ferramentas de automatização, a análise contínua dos custos, o planejamento orçamentário detalhado e o monitoramento constante de indicadores financeiros, as empresas podem melhorar significativamente seu desempenho financeiro e tomar decisões mais embasadas. Ao garantir um controle rigoroso sobre suas finanças, uma empresa se prepara não apenas para enfrentar desafios financeiros, mas também para explorar novas oportunidades de crescimento e expansão no mercado.

Capítulo 8
Liderança e Gestão de Pessoas na Era da Inovação

Moacir Kaiper da Rosa Junior

DA TRADIÇÃO À INOVAÇÃO

Em tempos de inovação e transformação digital, as habilidades tradicionais de liderança muitas vezes não são suficientes para guiar uma equipe em direção ao sucesso. Líderes que foram eficazes em ambientes mais estáveis podem se ver desafiados a motivar e gerenciar suas equipes em um cenário em constante mudança. A transição para um ambiente focado em inovação exige não apenas uma mudança de mentalidade, mas também a adoção de novas abordagens de liderança que sejam mais adaptativas, colaborativas e capacitadoras.

Em empresas tradicionais, a cultura hierárquica e a liderança baseada no controle podem sufocar a criatividade e a inovação. À medida que os negócios se transformam digitalmente, o papel do líder também precisa evoluir. A inovação requer um ambiente em que os colaboradores se sintam à vontade para compartilhar ideias, correr riscos calculados e se adaptar rapidamente às mudanças. Nesse contexto, o líder não é apenas aquele que toma decisões, mas também um facilitador que cria as condições para que a inovação ocorra em todos os níveis da empresa.

Neste capítulo, vamos explorar como os líderes podem adotar um estilo de liderança mais flexível e adaptativo, que incentive o desenvolvimento de suas equipes e promova uma cultura de inovação e aprendizado contínuo.

1. Estilo de Liderança Adaptativo

Em um ambiente de inovação, a liderança deve ser fluida e adaptativa. Isso significa que o líder precisa ajustar seu estilo de gestão conforme as necessidades da equipe e o contexto da empresa. Em vez de adotar uma abordagem rígida e autoritária, os líderes adaptativos são flexíveis e abertos à colaboração, facilitando o desenvolvimento de ideias e encorajando a tomada de decisões descentralizadas. Eles estão dispostos a ouvir seus funcionários, a adaptar suas estratégias e a apoiar a equipe em momentos de incerteza. A liderança adaptativa reconhece que cada equipe é diferente e que as circunstâncias mudam rapidamente em ambientes de inovação, exigindo uma resposta ágil e ajustável. Esse estilo de liderança ajuda a criar uma cultura onde os funcionários se sentem capacitados para tomar iniciativas e buscar soluções criativas.

2. Capacitação e Desenvolvimento

A inovação não acontece de forma espontânea; ela precisa ser fomentada por meio do desenvolvimento contínuo de habilidades. Os líderes devem garantir que suas equipes tenham acesso a treinamentos que aprimorem habilidades digitais, de inovação e pensamento estratégico. Em vez de focar apenas nas competências técnicas, é essencial capacitar os funcionários em áreas como resolução de problemas, tomada de decisão em ambientes complexos e pensamento criativo. Esses treinamentos ajudam a preparar os funcionários para enfrentar os desafios do mercado atual e estimulam a inovação no dia a dia.

Além disso, promover um ambiente onde o aprendizado contínuo é incentivado, permite que os colaboradores se mantenham atualizados e se sintam mais confiantes ao adotar novas tecnologias ou processos. Quanto mais preparada estiver a equipe, mais à vontade ela estará para inovar e se adaptar às mudanças.

3. Feedback Constante

A comunicação é um dos pilares da inovação, e o feedback desempenha um papel essencial nesse processo. Uma liderança eficaz na era da inovação é baseada em uma cultura de feedback contínuo, onde os funcionários recebem orientações regulares sobre seu desempenho e têm a oportunidade de discutir novas ideias. O feedback não deve ser um evento esporádico, mas sim uma prática integrada à rotina da empresa. Ele deve ser bidirecional: além de o líder fornecer feedback à equipe, os colaboradores também devem ter a chance de dar feedback aos líderes e aos processos existentes. Isso cria um ambiente de transparência, onde todos se sentem ouvidos e valorizados. O feedback contínuo também permite ajustes rápidos, seja em um projeto, um processo ou na estratégia de inovação, garantindo que a empresa se mantenha no caminho certo.

4. Reconhecimento e Engajamento

O reconhecimento é uma das formas mais poderosas de motivar os funcionários e promover o engajamento. Em ambientes de inovação, onde os riscos são maiores e as mudanças são constantes, é crucial reconhecer e valorizar o esforço da equipe. Quando os funcionários sentem que seu trabalho está sendo valorizado, eles se tornam mais engajados e dispostos a contribuir com novas ideias. O reconhecimento não precisa ser apenas financeiro; elogios públicos, oportunidades de desenvolvimento e maior responsabilidade em projetos inovadores também são formas eficazes de recompensar os funcionários. Além disso, ao valorizar as contribuições criativas e os resultados alcançados por meio da inovação, a empresa reforça a importância de uma cultura voltada para o progresso e o desenvolvimento contínuo. O engajamento dos funcionários é essencial para que a inovação seja sustentável a longo prazo.

Liderar em um ambiente de inovação requer mais do que apenas habilidades tradicionais de gestão. Exige flexibilidade, capacidade de adaptação e um foco contínuo no desenvolvimento das pessoas. Os líderes precisam ser capazes de ajustar suas abordagens, incentivando a criatividade, promovendo o aprendizado e oferecendo feedback constante. Ao criar um ambiente onde os funcionários se sintam valorizados e capacitados para inovar, os líderes não apenas mantêm suas equipes engajadas, mas também garantem que a empresa esteja preparada para enfrentar os desafios do mercado moderno. A liderança na era da inovação é sobre capacitar as pessoas, cultivar novas ideias e construir uma cultura onde a mudança é vista como uma oportunidade de crescimento e sucesso.

Capítulo 9

Implementando a Transformação Digital Gradualmente

Moacir Kaiper da Rosa Junior

A transformação digital tornou-se um imperativo para as empresas que desejam se manter competitivas em um mercado cada vez mais tecnológico. No entanto, muitas organizações tradicionais enfrentam dificuldades ao tentar implementar essas mudanças de forma eficaz. As limitações de recursos, a falta de expertise em tecnologia e a resistência interna são alguns dos desafios mais comuns enfrentados pelas empresas ao tentarem adotar novas soluções digitais. Essas barreiras, quando não gerenciadas adequadamente, podem levar a uma implementação desorganizada e falhas no processo de transição.

Implementar a transformação digital não significa mudar tudo de uma vez. Para muitas empresas, especialmente aquelas com operações tradicionais e estabelecidas, a abordagem gradual e planejada é a mais eficaz. Ao dividir o processo em fases, realizar pequenos testes e engajar os funcionários desde o início, a empresa pode superar a resistência interna e garantir que a transição seja suave e produtiva. A chave para o sucesso está em reconhecer que a transformação digital é um processo contínuo e que, ao implementá-la de forma gradual, a organização pode adaptar-se de maneira mais natural às novas tecnologias e processos.

1. Planejamento por Fases

A transformação digital é um processo complexo que envolve vários aspectos do negócio. Para que essa mudança seja bem-sucedida, é essencial estabelecer um plano de implementação que divida o processo em fases claras e alcançáveis. Ao priorizar os processos mais críticos, a empresa pode garantir que os recursos sejam alocados de forma eficiente e que as áreas que mais necessitam de melhorias sejam abordadas primeiro. Por exemplo, a automação de processos financeiros pode ser a prioridade inicial, seguida pela digitalização de processos de produção ou marketing. Um planejamento por fases permite que a empresa faça mudanças graduais, avaliando os resultados de cada etapa antes de avançar para a próxima. Dessa forma, a empresa pode ajustar suas estratégias conforme necessário, garantindo que cada fase da implementação seja bem-sucedida antes de prosseguir.

2. Pequenos Experimentos

Em vez de adotar novas tecnologias em toda a empresa de uma só vez, é recomendável realizar pequenos experimentos ou testes-piloto. Essa abordagem permite que a empresa valide novas soluções e processos em uma escala menor antes de expandi-los. Pequenos experimentos podem ser realizados em uma unidade específica da empresa ou com um processo isolado, permitindo que a equipe identifique possíveis problemas e faça ajustes antes de expandir o uso da tecnologia para toda a organização. Essa abordagem também reduz o risco de falhas generalizadas, pois a empresa tem a oportunidade de aprender com os resultados iniciais e aplicar essas lições às fases posteriores da implementação. Além disso, os pequenos experimentos ajudam a reduzir a resistência interna, pois demonstram os benefícios práticos da mudança em um ambiente controlado.

3. Engajamento dos Colaboradores

Um dos maiores obstáculos à transformação digital é a resistência interna, especialmente entre os colaboradores que estão acostumados a processos tradicionais. Para superar essa resistência, é essencial envolver os funcionários desde o início do processo. A comunicação clara dos benefícios da transformação digital, tanto para a empresa quanto para os próprios colaboradores, ajuda a criar um senso de urgência e compreensão sobre a necessidade de mudança. Além disso, oferecer treinamentos e capacitações para que os funcionários possam aprender a usar as novas ferramentas digitais garante que eles estejam preparados para adotar as mudanças com confiança. Ao engajar os colaboradores de forma ativa e fornecer os recursos necessários para seu desenvolvimento, a empresa cria um ambiente colaborativo onde todos estão alinhados em direção ao mesmo objetivo: a transformação bem-sucedida.

4. Acompanhamento e Ajustes

A implementação da transformação digital é um processo contínuo que requer acompanhamento constante. Uma vez que as primeiras fases da digitalização tenham sido implementadas, é importante monitorar o progresso regularmente e ajustar a estratégia conforme necessário. Isso inclui a análise dos resultados obtidos, a identificação de áreas que podem ser otimizadas e a resolução de problemas que surgirem ao longo do caminho. O acompanhamento rigoroso permite que a empresa faça ajustes proativos, garantindo que a transformação digital avance de forma eficiente e que os benefícios esperados sejam alcançados. Além disso, o acompanhamento contínuo ajuda a empresa a identificar novas oportunidades de digitalização e a expandir seus esforços para outras áreas do negócio à medida que as necessidades e as capacidades evoluem.

A transformação digital é um processo essencial, mas também complexo, para as empresas que desejam modernizar suas operações e se manterem competitivas.

No entanto, ao adotar uma abordagem planejada, gradual e colaborativa, as empresas podem maximizar os benefícios dessa transformação e superar os desafios associados à resistência interna e às limitações de recursos. O planejamento por fases, a realização de pequenos experimentos, o engajamento dos colaboradores e o acompanhamento constante são estratégias fundamentais para garantir uma transição suave e bem-sucedida. A digitalização deve ser vista como um processo contínuo, que evolui à medida que a empresa cresce e se adapta às novas tecnologias e demandas do mercado.

Capítulo 10

Mantendo a Empresa Inovadora a Longo Prazo

DA TRADIÇÃO À INOVAÇÃO

Após a implementação bem-sucedida de inovações e a modernização da empresa, o próximo desafio é garantir que essas melhorias sejam sustentadas e que a organização continue a evoluir. O sucesso inicial da transformação pode criar uma sensação de conquista, o que muitas vezes leva à acomodação e a um eventual retorno a práticas antigas e ineficientes. A inovação, no entanto, é um processo contínuo, e a estagnação pode rapidamente fazer com que a empresa perca sua posição de liderança no mercado.

A verdadeira inovação não é apenas sobre a implementação de novas tecnologias ou processos. Trata-se de construir uma cultura dentro da empresa onde a busca por melhorias e novas oportunidades é constante. Manter a empresa inovadora a longo prazo exige disciplina, foco e uma mentalidade de aprendizado contínuo. Isso significa que, mesmo após a modernização inicial, os líderes e colaboradores devem permanecer atentos às mudanças do mercado, aos feedbacks dos clientes e às novas tecnologias que podem impactar o setor.

Garantir que a inovação se torne parte permanente da cultura empresarial requer mais do que apenas uma estratégia pontual. É preciso estabelecer práticas regulares de avaliação, desenvolver parcerias estratégicas e manter o cliente no centro das decisões. Só assim a empresa conseguirá não apenas manter sua competitividade, mas também continuar a prosperar em um ambiente de negócios em constante evolução.

1. Avaliação de Resultados Contínua

Uma das chaves para garantir que a inovação permaneça uma prática constante é a avaliação regular dos resultados das mudanças implementadas. Muitas empresas caem na armadilha de acreditar que, após uma grande transformação, o trabalho está concluído.

No entanto, é essencial estabelecer revisões periódicas para avaliar o impacto dessas mudanças e identificar novas oportunidades de inovação. Isso pode ser feito por meio de análises trimestrais ou semestrais, onde os líderes revisam os indicadores de desempenho, a eficácia dos novos processos e o feedback dos clientes. Ao manter um ciclo contínuo de avaliação, a empresa pode identificar rapidamente áreas que precisam de ajustes, além de se manter aberta a novas oportunidades que possam surgir com o tempo. Essas revisões permitem que a empresa se adapte de forma ágil às novas demandas do mercado e continue a otimizar seus processos.

2. Cultura de Aprendizagem Permanente

A inovação só pode ser mantida a longo prazo se houver uma cultura de aprendizado contínuo dentro da organização. Isso significa incentivar os colaboradores a buscar constantemente novas formas de aprendizado e a explorar as tendências emergentes em seu setor. Oferecer treinamentos regulares, acesso a conferências e seminários, e até mesmo parcerias com instituições educacionais são maneiras eficazes de garantir que a equipe esteja sempre atualizada. Além disso, fomentar uma cultura em que os funcionários sejam incentivados a compartilhar o que aprenderam e aplicar novos conhecimentos no trabalho diário é fundamental para o crescimento. Empresas que incentivam essa busca por aprendizado constante estão mais bem equipadas para se adaptar às mudanças e manter a inovação viva dentro de suas operações.

3. Desenvolvimento de Novas Parcerias

A inovação, muitas vezes, não ocorre de maneira isolada. O desenvolvimento de parcerias estratégicas com outras empresas inovadoras, startups e até instituições acadêmicas pode ser uma maneira poderosa de manter a empresa à frente no mercado. Essas parcerias permitem que a organização explore novas tecnologias, processos e modelos de negócios que, de outra forma, poderiam passar despercebidos. Ao estabelecer relacionamentos com empresas que compartilham a mesma visão de inovação, a empresa pode criar sinergias que resultam em novos produtos, serviços ou melhorias operacionais. Essas parcerias também fornecem acesso a novas redes e oportunidades de crescimento, o que pode ser um grande diferencial em um mercado competitivo. A colaboração externa traz novas perspectivas e pode acelerar o processo de inovação.

4. Foco na Satisfação do Cliente

Manter o cliente no centro da estratégia de inovação é essencial para garantir que a empresa continue relevante no mercado. As necessidades dos clientes estão em constante mudança, e uma empresa que não se ajusta para atendê-las corre o risco de perder competitividade. A inovação deve estar sempre alinhada com o que é mais importante para os clientes, seja em termos de produtos, serviços ou experiências. Isso pode ser alcançado por meio de pesquisas de satisfação regulares, análise de feedbacks e acompanhamento das tendências de consumo. Ao manter o cliente como prioridade, a empresa pode ajustar seus processos e ofertas de acordo com as expectativas do mercado. Isso não apenas garante a retenção de clientes existentes, mas também abre portas para a conquista de novos mercados.

A inovação é um processo contínuo e dinâmico que não pode ser tratado como um projeto com começo e fim. Para que uma empresa tradicional mantenha seu espírito inovador a longo prazo, é necessário adotar uma abordagem que envolva avaliação contínua, aprendizado constante, desenvolvimento de parcerias e um foco inabalável na satisfação do cliente. Essas práticas garantem que a organização não apenas continue a evoluir, mas também permaneça à frente de seus concorrentes em um mercado em constante mudança. Cultivar uma cultura de inovação sustentável é o que permitirá que a empresa continue a crescer e prosperar nos anos que virão, garantindo sua relevância e sucesso no cenário global.

Conclusão

DA TRADIÇÃO À INOVAÇÃO

Ao longo deste livro, exploramos a transformação de empresas tradicionais para empresas inovadoras, e uma mensagem central permeia todos os capítulos: a inovação é uma jornada, não um destino final. O processo de modernizar, digitalizar e adaptar uma empresa às exigências de um mercado em constante mudança não é algo que acontece de uma vez, nem tem um ponto de chegada definitivo. A inovação exige uma mentalidade de crescimento contínuo, disposição para mudanças e, acima de tudo, um compromisso de longo prazo com a evolução constante.

Muitas empresas que já passaram por algum nível de transformação enfrentam o desafio de manter o ritmo da inovação. Esse é um dos pontos mais importantes para entender: a transformação não termina quando as primeiras mudanças são implementadas. Para que uma empresa continue relevante e competitiva no mercado, é necessário que a inovação se torne parte de sua cultura, de sua identidade. Isso significa que os líderes devem continuar a planejar, revisar, ajustar e explorar novas oportunidades de crescimento e desenvolvimento.

O que diferencia uma empresa inovadora de uma empresa que apenas passou por uma modernização pontual é o comprometimento em seguir evoluindo, adaptando-se às novas tendências, tecnologias e às necessidades em constante mudança dos clientes. Não se trata apenas de implementar novas ferramentas ou técnicas, mas de desenvolver uma abordagem estratégica de longo prazo que permita que a empresa cresça, mesmo em meio às incertezas do mercado.

Uma transformação bem-sucedida começa com a disposição para mudar. Essa disposição não está apenas nos líderes, mas também deve ser cultivada entre todos os membros da equipe. A colaboração, o aprendizado contínuo e a busca por novas ideias são componentes essenciais desse processo. Para alcançar o sucesso, é necessário que a inovação seja vista como uma oportunidade, e não como uma ameaça. Os erros e obstáculos são parte do processo, mas são também grandes oportunidades de aprendizado que podem fortalecer ainda mais o caminho da empresa rumo à inovação.

Para os leitores que estão prontos para começar sua jornada de transformação, o momento de agir é agora. Não espere por circunstâncias ideais, pois o cenário empresarial está sempre mudando e as oportunidades surgem justamente nos momentos de maior desafio. A primeira etapa pode ser uma avaliação honesta do estado atual da empresa, identificando as áreas que mais precisam de modernização. A partir daí, a criação de um plano de ação focado em mudanças graduais e sustentáveis é o passo natural.

Comece pelas pequenas vitórias — desde a digitalização de processos simples até a implementação de estratégias de marketing digital ou a busca por novas parcerias. Com cada passo dado, a empresa se aproximará mais de se tornar uma organização ágil, inovadora e preparada para o futuro. Lembre-se de que a inovação não precisa acontecer de forma repentina; ela pode ser construída dia após dia, com ações estratégicas e bem planejadas.

Finalmente, tenha em mente que a transformação nunca estará completa. Mesmo que a empresa atinja um nível de inovação considerável, haverá sempre novos desafios e oportunidades pela frente. A mentalidade de inovação contínua é o que vai garantir que a empresa não apenas sobreviva, mas prospere em um mercado globalizado e altamente competitivo. A mudança é a única constante, e estar preparado para ela é o diferencial que permitirá à sua empresa se destacar.

A inovação está ao alcance de qualquer empresa, independentemente de seu tamanho ou de seu setor. O importante é começar, estar disposto a aprender e nunca parar de evoluir. O futuro pertence àqueles que estão dispostos a abraçar a mudança, e é esse espírito de transformação que levará sua empresa para o próximo nível.

Que este livro sirva como um guia prático, mas também como uma inspiração para que você, leitor, inicie ou continue sua jornada de transformação com confiança e visão de futuro. A inovação é um processo contínuo — e a jornada começa agora.